INICIAÇÃO À VIDA CRISTÃ
DOS PEQUENINOS

Erenice Jesus de Souza

INICIAÇÃO Á VIDA CRISTÃ DOS PEQUENINOS

PORTFÓLIO DO CATEQUIZANDO E DA FAMÍLIA

Dados Internacionais de Catalogação na Publicação (CIP)
(Câmara Brasileira do Livro, SP, Brasil)

Souza, Erenice Jesus de
   Iniciação à vida cristã dos pequeninos : portfólio do catequizando e da família / Erenice Jesus de Souza ; [ilustrações Gustavo Montebello]. – 5. ed. – São Paulo : Paulinas, 2012. – (Coleção água e espírito)

   ISBN 978-85-356-3285-9

   1. Catequese - Igreja Católica - Ensino bíblico 2. Catequese familiar 3. Catequistas - Educação 4. Fé 5. Vida cristã I. Montebello, Gustavo. II. Título. III. Série.

12-09640   CDD-268.3

Índice para catálogo sistemático:

1. Catequistas : Formação bíblica : Educação religiosa : Cristianismo   268.3

Direção-geral: *Flávia Reginatto*
Editores responsáveis: *Vera Ivanise Bombonatto e Antonio Francisco Lelo*
Copidesque: *Sandra Sinzato e Marina Siqueira*
Coordenação de revisão: *Marina Mendonça*
Revisão: *Mônica Elaine G. S. da Costa*
Direção de arte: *Irma Cipriani*
Assistente de arte: *Sandra Braga*
Gerente de produção: *Felício Calegaro Neto*
Capa e editoração eletrônica: *Manuel Rebelato Miramontes*
Ilustrações: *Gustavo Montebello*

Nenhuma parte desta obra poderá ser reproduzida ou transmitida por qualquer forma e/ou quaisquer meios (eletrônico ou mecânico, incluindo fotocópia e gravação) ou arquivada em qualquer sistema ou banco de dados sem permissão escrita da Editora. Direitos reservados.

5ª edição – 2012
13ª reimpressão – 2025

Cadastre-se e receba nossas informações
paulinas.com.br
Telemarketing e SAC: 0800-7010081

Paulinas
Rua Dona Inácia Uchoa, 62
04110-020 – São Paulo – SP (Brasil)
 (11) 2125-3500
 editora@paulinas.com.br
© Pia Sociedade Filhas de São Paulo – São Paulo, 2010

APRESENTAÇÃO

Paulinas Editora congratula a autora por sua capacidade pedagógica e seu compromisso com as crianças e com a catequese. É admirável vê-la em ação junto aos pequeninos na sala de aula e, mais ainda, coordenando a catequese na Paróquia Bom Jesus, na cidade de Franco da Rocha, bem perto de São Paulo.

Erenice é daquelas mulheres que aprenderam a não esperar que as oportunidades venham a si; mais que isto, ela aprendeu a cavar, a cultivar, a crescer, a buscar e a encontrar novos caminhos, mas com um diferencial: acredita na Palavra e tem uma fé inquieta aliada ao estudo. Tudo isto faz dela uma moça invejável, em plena fase de amadurecimento, como uma árvore frondosa que dá sombra, frutos bons e abrigo para uma ninhada de pássaros.

Este livro quer abrigar muitos pássaros. Destina-se aos pequeninos dos mais variados cantos do País que, a partir dos seis anos de idade, começam a perguntar por Deus e a serem iniciados na vida cristã. A autora, incansavelmente, recomenda que temos de ouvi-los e levar a sério suas considerações.

Este livro nasceu da prática da autora em sala de aula – pois, até bem pouco tempo, lecionava em dois períodos para crianças dessa idade – aliada, ainda, aos conhecimentos do mestrado em Educação, como também da formação específica em muitos cursos de extensão na área da teologia e da catequese.

O resultado é surpreendente! Une a atualidade da prática pedagógica com a competência e experiência de fé da autora.

Parabéns, Erenice!

Pe. Antonio Francisco Lelo
Editor assistente

MENSAGEM AOS PEQUENINOS

ESTE LIVRO TORNA-SE, A PARTIR DE AGORA, O SEU MAIS NOVO COMPANHEIRO DE AVENTURA. JUNTOS, VOCÊS FARÃO GRANDES DESCOBERTAS NO MARAVILHOSO MUNDO DA INICIAÇÃO À VIDA CRISTÃ E VÃO PRECISAR DE BASTANTE FÔLEGO E CURIOSIDADE PARA REALIZAR A CAMINHADA.

LEMBRE-SE SEMPRE DESTE SEU AMIGO E DE TODAS AS ATIVIDADES PROPOSTAS, SEGUINDO AS INSTRUÇÕES, DICAS E PISTAS PARA NÃO SE PERDER. CONTE COM A AJUDA DE SEU CATEQUISTA, DOS SEUS COLEGAS E DOS SEUS FAMILIARES, QUANDO NECESSÁRIO, E SAIBA QUE DEUS O ABENÇOA, E MUITO, POIS CONFIA EM VOCÊ.

PARABÉNS E SEJA BEM-VINDO!

MENSAGEM AOS FAMILIARES

A vocês que são responsáveis por esta criança, parabéns!

É grande a nossa satisfação em poder contar com o seu apoio e dedicação na missão de educá-la na fé.

Um importante filósofo chamado Pitágoras já afirmava a necessidade de educar as crianças para que não fosse preciso punir os adultos. Daí a preciosidade deste nosso contato, em que auxiliamos e somos auxiliados, para que realmente alcancemos essa realidade.

A cada proposta de atividade, dedicamos especial atenção à sua participação. Oferecemos subsídios dos mais variados tipos, como indicações de músicas, filmes e livros, além de textos e perguntas para reflexão.

No mais, contamos com a alegria e a maturidade da família nessa jornada ao rico universo da iniciação à vida cristã.

Deus os abençoe!

OLÁ, PEQUENINO E PEQUENINA, TUDO BEM?
EU ME CHAMO LELECO E SEREI O SEU MAIS NOVO AMIGO
NA IMPORTANTE JORNADA AO MARAVILHOSO MUNDO
DA INICIAÇÃO À VIDA CRISTÃ.
UM UNIVERSO DE DESCOBERTAS E DE MUITAS AVENTURAS
PARA VOCÊ E PARA TODA A SUA FAMÍLIA.
PREPARADOS? ENTÃO, VAMOS NESSA!

1º Encontro

SER CRIANÇA

É BOM SER CRIANÇA! CORRER, BRINCAR E JOGAR BOLA... ESTUDAR, CANTAR, DANÇAR... SER FELIZ! É COM ESTA CERTEZA E COM ESTA ALEGRIA QUE SEMPRE INICIAREMOS OS NOSSOS ENCONTROS, NOS CONHECENDO, UM POUQUINHO MAIS, A CADA DIA. PARA TANTO, PRECISAMOS SABER QUEM É VOCÊ, DO QUE MAIS GOSTA E O QUE ESPERA FAZER NESTE NOVO GRUPO.
PARA QUE POSSAMOS NOS CONHECER, PRECISO SABER...

COLE AQUI SUA FOTO.

SEU NOME
_____

SUA IDADE
_____

O QUE MAIS GOSTA DE FAZER?
_____

O QUE MAIS GOSTA DE COMER?
_____

COM O QUE MAIS GOSTA DE BRINCAR?
_____

QUEM É SEU MELHOR AMIGO?
_____

2º Encontro

TER FAMÍLIA

NASCEMOS E CONVIVEMOS COM PESSOAS MUITO IMPORTANTES QUE FAZEM PARTE DA NOSSA FAMÍLIA. QUEM SÃO ELAS?
UTILIZE A SUA CRIATIVIDADE E DESENHE AS PESSOAS QUE CONVIVEM COM VOCÊ.
IDENTIFIQUE CADA UMA DELAS.

3º Encontro

NO DIA A DIA...

RECORTE IMAGENS DE JORNAIS E REVISTAS EM QUE CRIANÇAS ESTEJAM PRESENTES E COLE AQUI. O QUE ESTAS CRIANÇAS ESTÃO FAZENDO? NO OUTRO QUADRO DESENHE UM MOMENTO DA SUA ROTINA E, COM A AJUDA DE UM FAMILIAR, DESCREVA ESTE MOMENTO, QUE SERÁ APRESENTADO NO NOSSO PRÓXIMO ENCONTRO. BOM TRABALHO!

4º Encontro

APRENDER A SER

VOCÊ E SEU AMIGO: UMA PARCERIA LEGAL!
DESENHE VOCÊ E O SEU AMIGO.

EU

MEU AMIGO

5º Encontro

QUERO SER...

MUITAS PESSOAS PERGUNTAM ÀS CRIANÇAS O QUE ELAS VÃO QUERER SER QUANDO CRESCER. VEJA SÓ O QUE ALGUMAS CRIANÇAS RESPONDERAM:

QUERO SER BOMBEIRO, COMO O MEU AVÔ.
LUCAS, 6 ANOS

MINHA MÃE É PROFESSORA E EU VOU SER PROFESSORA TAMBÉM.
MARIANA, 5 ANOS

QUANDO EU CRESCER, VOU SER IGUAL AO MEU IRMÃO. BEM GRANDE!
CAROLINE, 6 ANOS

VOU SER PILOTO IGUAL AO MOÇO DO FILME QUE EU VI.
JOÃO, 6 ANOS

E VOCÊ? O QUE VAI SER?

1º Encontro com os familiares

A VOCÊ, FAMÍLIA!

Ao fim de cada unidade de trabalho, chega o momento de registrar aspectos importantes desta experiência catequética. Nas linhas que se seguem, o espaço é seu para que possa revelar suas conquistas e dúvidas, apresentar ideias e trocar experiências sobre o que fizemos até o momento.

_____

_____

_____

_____

_____

_____

_____

_____

_____

ACABAMOS A PRIMEIRA PARTE DE NOSSA JORNADA. VOCÊ ESTÁ GOSTANDO, PEQUENINO? QUE BOM! VAMOS CONTINUAR, ENTÃO!

EU COM OS OUTROS

UNIDADE II

OI, BOTA AQUI, OI, BOTA AQUI O SEU PEZINHO...

6º Encontro

PRECISO DE TI

NO CAMINHO DOS DISCÍPULOS, A DESCOBERTA DE JESUS!
ESCREVA O NOME DE QUATRO AMIGOS NOS QUADROS E AJUDE-OS A ENCONTRAR O CAMINHO, TRAÇANDO COM GRANDE ALEGRIA!

7º Encontro

CADA UM TEM O SEU JEITO

NUM MUNDO TÃO CHEIO DE GENTE, AS PESSOAS SE ENCONTRAM E APRENDEM QUE CADA UMA TEM O SEU JEITO E QUE, JUNTAS, PODEM AMAR UMAS ÀS OUTRAS, ASSIM COMO DEUS NOS AMA. COM A AJUDA DE UM LÁPIS, LIGUE AS LETRAS E COMPONHA A MENSAGEM.

AMAR UNS AOS OUTROS

8º Encontro

O MUNDO É CHEIO DE GENTE

QUANTAS PESSOAS NÓS CONHECEMOS? SÃO HOMENS E MULHERES – CRIANÇAS, JOVENS, ADULTOS E IDOSOS – QUE NOS CONQUISTAM A CADA DIA E QUE TÊM MUITO A NOS ENSINAR. AGORA É A SUA VEZ DE ORGANIZAR O SEU PAINEL, UTILIZANDO FOTOS OU DESENHOS QUE REPRESENTEM DUAS PESSOAS QUE VOCÊ CONHECE E QUE SÃO MUITO IMPORTANTES PARA A SUA VIDA.

AGORA, FAÇA CÓPIAS DO MARCADOR DE PÁGINA AO LADO, EM UM PAPEL GROSSO, E ENTREGUE-AS PARA QUATRO PESSOAS DESCONHECIDAS, COMO FORMA DE CONQUISTAR SUA AMIZADE E CONFIANÇA.

O MUNDO É CHEIO DE GENTE
Criada à imagem e semelhança de Deus

9º Encontro

APRENDER A CONVIVER EM COMUNIDADE

MUITOS SÃO OS LOCAIS NOS QUAIS CONVIVEMOS: NA IGREJA, NA ESCOLA, NO PARQUE OU NA RUA... TANTOS SÃO OS LUGARES QUANTO AS COISAS PARA SE FAZER. PENSE, JUNTO COM A SUA FAMÍLIA, EM CADA UM DESSES LOCAIS E DESTAQUE O QUE É PRECISO FAZER PARA TORNÁ-LO UM IMPORTANTE ESPAÇO NA VIDA DA COMUNIDADE.

IGREJA

ESCOLA

PARQUE

RUA

10º Encontro

O LUGAR ONDE VIVO

COMO É BOM TER ONDE MORAR, ESTAR PROTEGIDO E SER ACOLHIDO POR UMA FAMÍLIA! VIVER EM ALGUM LOCAL É CONVIVER COM PESSOAS, CONHECER LUGARES, REALIZAR SONHOS... OBSERVAR OS SEUS PROBLEMAS E PROPOR SOLUÇÕES, TORNANDO-O MAIS BONITO A CADA DIA! COM A AJUDA DA SUA FAMÍLIA, APRESENTE IDEIAS PARA TORNAR MELHOR O AMBIENTE ONDE VOCÊS VIVEM, ATENTOS, PRINCIPALMENTE, ÀQUILO QUE SEMPRE DEVE EXISTIR!

IDEIA 1	IDEIA 2	IDEIA 3

2º Encontro com os familiares

A VOCÊ, FAMÍLIA!

Nesta segunda unidade, favorecemos a compreensão da criança sobre a sua identidade e sobre o lugar onde ela vive. Tendo isto bem claro, a criança associa informações e amplia o seu repertório, dinamizando a sua participação na vida familiar e no seio da comunidade de fé.

Pensando na importância da sua participação no pleno desenvolvimento desta criança que Deus lhe confiou, relate o quanto você tem amparado-a em suas realizações, analisando as dificuldades e conquistas.

_____

_____

_____

_____

_____

_____

_____

_____

_____

PEQUENINO, VOCÊ VIU COMO É IMPORTANTE VIVER BEM EM FAMÍLIA, COM OS AMIGOS, COM A SUA COMUNIDADE? VAMOS PROSSEGUIR, PASSANDO PARA A PRÓXIMA UNIDADE.

A VIDA QUE TEMOS

UNIDADE III

ERA UMA CASA MUITO ENGRAÇADA...

11º Encontro

COMO VIVO

ASSIM COMO VIVEMOS EM MUITOS LUGARES, TAMBÉM MUITAS SÃO AS SITUAÇÕES NAS QUAIS NOS ENCONTRAMOS. EXISTEM SITUAÇÕES QUE NOS DEIXAM FELIZES E QUE NECESSITAM DE CUIDADOS ESPECIAIS, TANTO QUANTO SITUAÇÕES QUE PODEM NOS PREJUDICAR E QUE DEVEMOS SUPERAR COM A AJUDA DO NOSSO DEUS. COM O APOIO DA SUA FAMÍLIA, LEIA AS INFORMAÇÕES E, DE ACORDO COM AS CORES DO SINAL, IDENTIFIQUE:

EM VERMELHO, O QUE PODE NOS PREJUDICAR.

EM AMARELO, O QUE DEVEMOS TER BASTANTE ATENÇÃO.

EM VERDE, O QUE TRAZ ALEGRIA E PAZ.

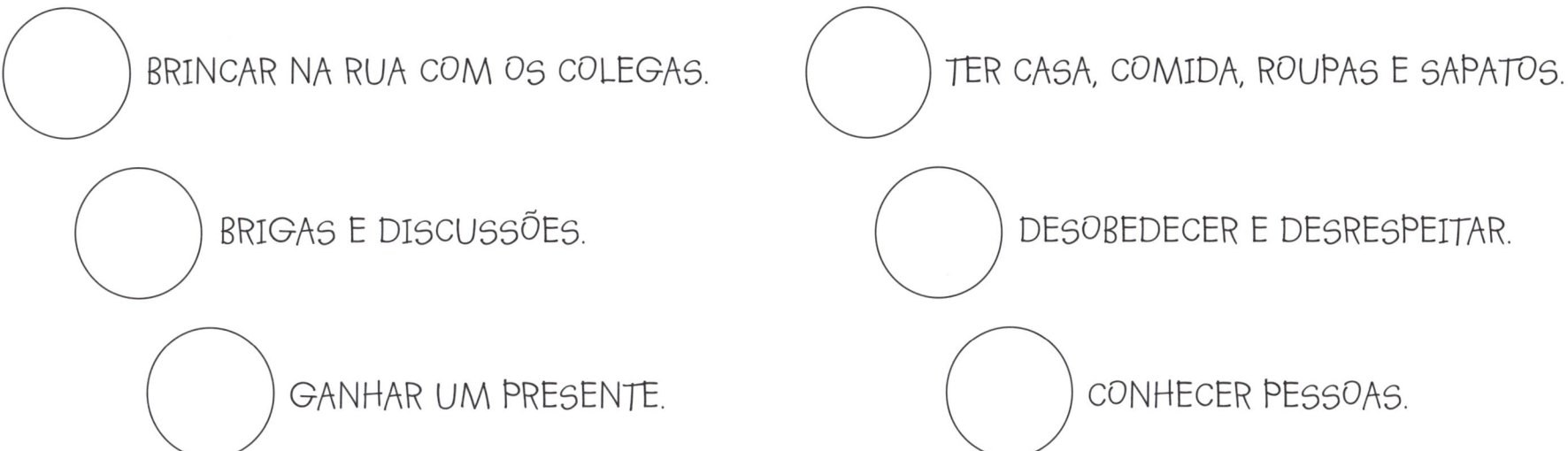

◯ BRINCAR NA RUA COM OS COLEGAS.

◯ TER CASA, COMIDA, ROUPAS E SAPATOS.

◯ BRIGAS E DISCUSSÕES.

◯ DESOBEDECER E DESRESPEITAR.

◯ GANHAR UM PRESENTE.

◯ CONHECER PESSOAS.

12º Encontro

DO QUE SINTO FALTA

ASSIM COMO VOCÊ, MUITAS PESSOAS SENTEM FALTA DE ALGO EM SUAS VIDAS E TÊM A ESPERANÇA DE UM DIA CONQUISTAR O QUE TANTO DESEJAM. SUA TAREFA SERÁ INVESTIGAR QUAIS SÃO ESSES DESEJOS, ENTREVISTANDO UM DE SEUS AMIGOS E UM FAMILIAR.

NOME DO AMIGO

DO QUE SENTE FALTA

NOME DO FAMILIAR

DO QUE SENTE FALTA

13º Encontro
O QUE NÃO PODE FALTAR

PARA UMA VIDA SAUDÁVEL E DIGNA, PRECISAMOS TER ATENDIDAS TODAS AS NOSSAS NECESSIDADES. TEMOS DE NOS ALIMENTAR, NOS VESTIR, APRENDER... CUIDAR DA NOSSA HIGIENE, BRINCAR E MANTER O NOSSO CORPO BEM PROTEGIDO, PARA QUE POSSAMOS NOS DESENVOLVER. DESENHE E PINTE SITUAÇÕES EM QUE AS CONDIÇÕES DE VIDA SE TORNEM MELHORES.

14º Encontro

APRENDER A VIVER

NOSSA VIDA SE ENCONTRA NUMA ETERNA TRANSFORMAÇÃO. SOMOS BEBÊS, CRIANÇAS, JOVENS... NOS TORNAMOS ADULTOS E IDOSOS... EM CADA FASE DA VIDA, APRENDEMOS A VIVER COM LIBERDADE E COM DIGNIDADE. PENSE E OFEREÇA, A CADA UMA DESSAS FASES, O QUE VOCÊ E SUA FAMÍLIA ACREDITAM SER ESSENCIAL.

AO BEBÊ, OFERECEMOS	À CRIANÇA, OFERECEMOS	AO JOVEM, OFERECEMOS	AO ADULTO, OFERECEMOS	AO IDOSO, OFERECEMOS

15º Encontro

PROBLEMAS E SOLUÇÕES

NOSSO PASSEIO PROPORCIONOU DIVERSAS EXPERIÊNCIAS QUE PRECISAM SER REGISTRADAS E GUARDADAS COM MUITO CARINHO. USANDO LÁPIS COLORIDOS, FAÇA UM DESENHO DO QUE VOCÊ MAIS GOSTOU. DEPOIS É HORA DE ORGANIZARMOS ALGUMAS INFORMAÇÕES QUE NOS AJUDARÃO A PENSAR NA IMPORTÂNCIA DO QUE FAZEMOS PARA A PRESERVAÇÃO DO MUNDO NO QUAL VIVEMOS.

LOCAL DO PASSEIO

O QUE FOI VISTO

ATIVIDADES DESENVOLVIDAS

PROBLEMA ENCONTRADO

POSSÍVEL SOLUÇÃO

3º Encontro com os familiares

A VOCÊ, FAMÍLIA!

Ao final desta terceira unidade é muito importante que a família avalie suas atitudes e valorize tudo o que realiza em favor do desenvolvimento da criança. Algumas atitudes são essenciais e precisam ser assumidas e amadurecidas no cotidiano, somando suas forças às da catequese. Neste sentido, algumas situações serão apresentadas para reflexão, à luz do que Deus quer que façamos uns aos outros e a nós mesmos.

Pinte de vermelho as situações que devem receber maiores cuidados, de amarelo as que necessitam de maior atenção e de verde as situações que favorecem o convívio familiar.

Acompanhamento da vida escolar dos filhos.	Oração diária.
Cuidados com os gastos excessivos com a água e com a eletricidade.	Diálogo com o cônjuge.
Passeios em família.	Realização dos sonhos.
Conversa diária com os filhos.	Situação financeira.
Brincadeiras com os filhos.	Respeito entre os membros da família.
União da família no momento das refeições.	Contar histórias para as crianças.

ESTOU TÃO FELIZ EM ESTAR COM VOCÊ, PEQUENINO, QUE FICO COM VONTADE DE CANTAR. LÁ LÁ LÁ... NA PRÓXIMA UNIDADE, VAMOS VER ALGUMAS CURIOSIDADES!

DESCOBERTAS E CURIOSIDADES

UNIDADE IV

SE ESTA RUA, SE ESTA RUA FOSSE MINHA, EU MANDAVA....

16º Encontro

SOBRE A CRIAÇÃO

AO PENSARMOS NO DEUS DA VIDA, DEVEMOS PERCEBER A GRANDE MISSÃO QUE TEMOS NO CUIDADO COM TUDO QUE EXISTE. DESENHE UMA PAISAGEM, VALORIZANDO AS CORES E FORMAS DO MUNDO À NOSSA VOLTA. DEPOIS, APRESENTE O SEU TRABALHO PARA QUE AS PESSOAS POSSAM CONHECER O GRANDE ARTISTA QUE VOCÊ É!

17º Encontro

SOBRE QUEM SOMOS E O QUE FAZEMOS

DURANTE A NOSSA VIDA, FAZEMOS MUITAS COISAS: TRABALHAMOS, ESTUDAMOS, CONQUISTAMOS AMIZADES... SUPERAMOS OS PROBLEMAS, FICAMOS FELIZES. ASSIM É A VIDA!
NESTE SENTIDO, QUE TAL ENTREVISTAR ALGUÉM PARA DESCOBRIR QUEM A PESSOA É, O QUE FAZ, COMO SE SENTE E QUAIS OS SONHOS DELA? BOM TRABALHO!

NOME DA PESSOA:

PROFISSÃO:

COMO ELA SE SENTE:

SEU SONHO:

UMA MENSAGEM ÀS CRIANÇAS DA CATEQUESE:

18º Encontro

MEUS PORQUÊS

TODO MUNDO GOSTA DE ESTAR INFORMADO. SABER COMO E POR QUE AS COISAS ACONTECEM, DE ONDE ELAS VÊM, COMO VÃO EMBORA, DO QUE SÃO FEITAS, NO QUE SE TRANSFORMAM... E ASSIM VAI. TODO UM UNIVERSO DE POSSIBILIDADES, E É NESSA BRINCADEIRA QUE VAMOS ENTRAR. DESENHE TRÊS ELEMENTOS À SUA ESCOLHA. PEÇA A UM COLEGA PARA ELABORAR PERGUNTAS SOBRE OS SEUS DESENHOS, AJUDANDO-O A DESCOBRIR O QUE SIGNIFICAM.

19º Encontro

APRENDER A PENSAR

MUITOS SÃO OS PENSAMENTOS EM NOSSA CABEÇA, AINDA MAIS QUANDO ESTAMOS NA CATEQUESE. QUE TAL APRESENTAR O QUE SE PASSA NA SUA? APROVEITE E SOLTE A IMAGINAÇÃO, DESTACANDO TRÊS IMPORTANTES TEMAS DA NOSSA FÉ. VOCÊ PODE COLAR IMAGENS, DESENHAR OU ESCREVER.

20º Encontro

O MUNDO DOS SÍMBOLOS

COMO VOCÊ PODE PERCEBER, MUITOS SÃO OS SÍMBOLOS PRESENTES NO DIA A DIA DA NOSSA FÉ. PARA QUE VOCÊ SE LEMBRE DA IMPORTÂNCIA DE CADA UM DELES, DESENHE-OS NOS QUADROS INDICADOS, REALIZANDO O TRABALHO COM BASTANTE ATENÇÃO.

ÁGUA	CRUZ	LUZ	PÃO E VINHO
VESTES	FOGO	ASSEMBLEIA	PALAVRA DE DEUS

4º Encontro com os familiares

A VOCÊ, FAMÍLIA!

Concluímos mais um passo na caminhada. Com alegria, motivamos nossas crianças a compreenderem um pouco mais sobre o mundo à sua volta e, neste sentido, sugerimos a cada família o registro de uma bonita mensagem à sua criança, incentivando-a ainda mais no caminho da fé.

Escreva-a com o coração e leia para a sua criança, transmitindo-lhe a confiança necessária.

_____

_____

_____

_____

_____

_____

_____

_____

ESTAMOS CHEGANDO AO FIM, PEQUENINO! AGORA, VOCÊ VAI DESCOBRIR O QUE É NECESSÁRIO FAZER PARA LEVAR UMA VIDA VERDADEIRAMENTE CRISTÃ.

A VIDA CRISTÃ

UNIDADE V

NOITE FELIZ, NOITE FELIZ...

21º Encontro

CONHECENDO ALGUÉM MUITO ESPECIAL

TODA PESSOA ESPECIAL NOS DEIXA GRANDES RECORDAÇÕES, AINDA MAIS QUANDO ESTA PESSOA NOS AMA TANTO QUE NOS SALVA COM A PRÓPRIA VIDA E NOS PRESENTEIA COM GRANDES ESPERANÇAS. ESTA PESSOA É JESUS, O FILHO DE DEUS, NOSSO GRANDE IRMÃO.
TODO IRMÃO, É CLARO, SEMPRE NOS É FAMILIAR E UMA FOTO SUA É SEMPRE BEM-VINDA. PARA SEMPRE NOS LEMBRARMOS DELE, QUE TAL DESENHÁ-LO NO QUADRO ABAIXO? BOM TRABALHO!

22º Encontro

OS ENSINAMENTOS DE JESUS

JESUS CRESCEU EM GRAÇA E EM SABEDORIA, APRENDENDO E ENSINANDO MUITAS COISAS. ESTAVA SEMPRE ATENTO A TUDO, REALIZANDO AÇÕES MUITO IMPORTANTES: ACOLHER, CURAR E CONVERSAR. DESENHE NOS QUADROS ABAIXO ESTAS TRÊS AÇÕES.

JESUS ACOLHE	JESUS CURA	JESUS CONVERSA

23º Encontro

HISTÓRIAS BEM CONTADAS

CHEGA O MOMENTO DE REFLETIR SOBRE ALGUMAS DAS HISTÓRIAS QUE O NOSSO IRMÃO JESUS NOS CONTOU, DESENHANDO-AS. LEMBRE-SE DOS FATOS, DAS PERSONAGENS, DO AMBIENTE ONDE A HISTÓRIA SE PASSA. PEQUENOS DETALHES SÃO MUITO IMPORTANTES.

O SEMEADOR
(MT 13,1-9)

O JOIO E O TRIGO
(MT 13,24-30)

O GRÃO DE MOSTARDA
(MT 13,31-32)

O FERMENTO
(MT 13,33)

24º Encontro

APRENDER A CRER

O TESOURO
(MT 13,44)

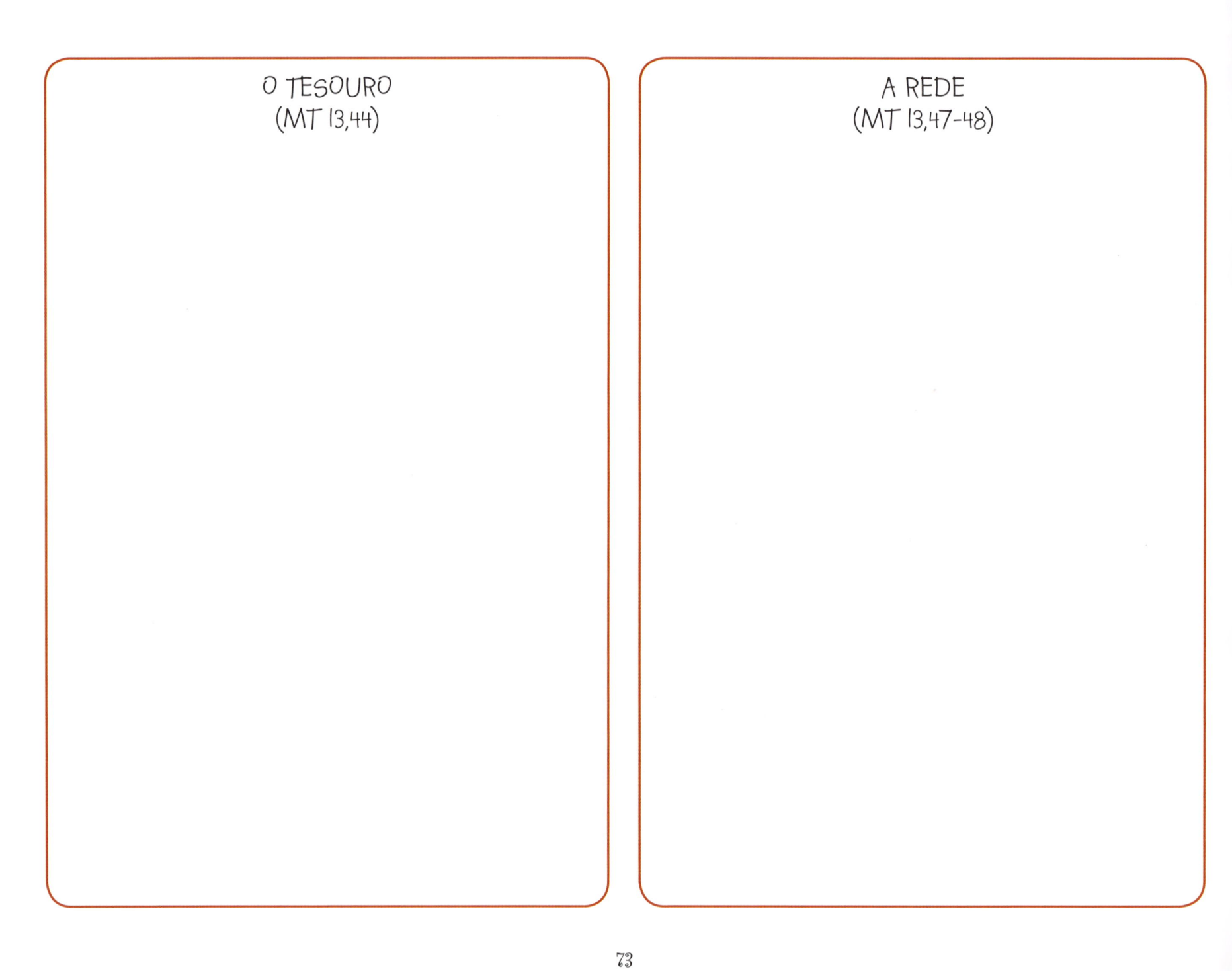

A REDE
(MT 13,47-48)

OUVIMOS, FALAMOS, TOCAMOS, SENTIMOS OS CHEIROS E OS GOSTOS DA VIDA.
DESSA FORMA, DEUS SE APRESENTA A NÓS, MANIFESTANDO SUA PRESENÇA A TODOS.
VAMOS DESENHAR E PINTAR PESSOAS EM SITUAÇÕES COTIDIANAS?

25º Encontro

SER IGREJA

NOSSOS TRABALHOS SOMENTE FORAM POSSÍVEIS PORQUE FAZEMOS PARTE DE UMA COMUNIDADE QUE SE REÚNE A CADA DIA PARA CELEBRAR A PRESENÇA DE DEUS E DE SEU FILHO, NOSSO IRMÃO, JESUS. ESTA COMUNIDADE É A IGREJA. COMO MEMBRO DESSA GRANDE FAMÍLIA, VOCÊ PRECISA SABER ALGUMAS INFORMAÇÕES A RESPEITO DELA, TORNANDO-AS IMPORTANTES ELEMENTOS DA SUA IDENTIDADE DE FÉ.

NOME DA PARÓQUIA
_____

NOME DO SANTO PADROEIRO
_____

QUANDO É COMEMORADO O SEU DIA
_____

ANO DA FUNDAÇÃO DA PARÓQUIA
_____

PADRE RESPONSÁVEL
_____

COMUNIDADES
_____

MENSAGEM FINAL AOS CATEQUIZANDOS

COMPLETAMOS MAIS UMA ETAPA NA NOSSA CAMINHADA. FOI MUITO BOM ESTAR COM VOCÊ E ESPERO QUE TENHA GOSTADO DAS NOSSAS AVENTURAS.

EM SINAL DA NOSSA UNIÃO, DEIXE NA PÁGINA AO LADO A MARCA DA SUA MÃO. CONTORNE-A OU PINTE-A COM ALEGRIA E CRIATIVIDADE.

REGISTRE NAS LINHAS ABAIXO
COMO FOI VIVER MOMENTOS TÃO RICOS NA JORNADA DE INICIAÇÃO CRISTÃ.

_____
_____
_____
_____
_____
_____
_____

PEQUENINO,
DEUS O ABENÇOE!